Ich bin dann mal weg.

HAPE KERKELING

PIPER

Der Weg stellt jedem nur eine Frage:
Wer bist du?

HAPE KERKELING

PIPER

Allerhöchste Zeit
zum Umdenken.

HAPE KERKELING

PIPER

Zigaretten kaufen! Kaputte Füße!

Hunger auf Kartoffelsalat!

HAPE KERKELING

PIPER

Weiter!
Nicht umdrehen!

HAPE KERKELING

PIPER

Obwohl ich den Gipfel
durch den Nebel nicht sehen kann,
ist er doch da.

HAPE KERKELING

PIPER

Humor muss aus dem Bauch kommen, und er sollte den Blick öffnen und weiten!

HAPE KERKELING

PIPER

Grüß Gott,
meine Knieschmerzen sind wieder da.

HAPE KERKELING

PIPER

Sei ein
guter Verlierer!

HAPE KERKELING

PIPER

Ich war jung und
ich brauchte Geld,
aber es gab ja kaum welches.

HAPE KERKELING

PIPER

Entspann dich,
Hase.

HAPE KERKELING

PIPER

JA, man muss sich auch dem Monströsen nähern.

HAPE KERKELING

PIPER

Ohne Frühstück
bin ich nichts und
kann ich nichts.

HAPE KERKELING

PIPER

Ich muss weniger lüstern gucken!

HAPE KERKELING

PIPER

Tu das, was DAS LEBEN von dir verlangt.

HAPE KERKELING

PIPER

Öffne dein Herz und knutsche den Tag!

HAPE KERKELING

PIPER

Was macht uns menschlich?
Unsere kleinen Macken und die großen Fehler.

HAPE KERKELING

PIPER

Keep on running!
Ich halte mehr aus, als ich denke.

HAPE KERKELING

K. 28,5

DEPUTACION

PIPER

Freunde! *Man muss die eigenen Grenzen auch mal bewusst überschreiten!*

PIPER

Meisterwerke

gibt es an den erstaunlichsten Orten
zu den erstaunlichsten Zeiten zu sehen.

HAPE KERKELING

PIPER

Meine SCHWÄCHE ist auch meine STÄRKE.

PIPER

Ein echter Weg nimmt einen Menschen nicht gefangen.

HAPE KERKELING

PIPER

Manchmal ist es das
Vernünftigste, einfach
herrlich verrückt
zu sein!

PIPER

Es lebe der
feine Unterschied
zwischen den Weltsprachen.

PIPER

Es ist **GUT ZU WISSEN,** wer man ist.

HAPE KERKELING

PIPER

Man muss nicht jeden Umweg machen.

PIPER

Viel Reden
kann auch mal
Gold sein!

HAPE KERKELING

PIPER

Wenn wir am Ziel sind,
ist es einfach vorbei;
das Wesen des Pilgerns
ist nun einmal der Weg. HAPE KERKELING

PIPER

Hier und da gibt es
das Paradies auf Erden!

HAPE KERKELING

PIPER

Das **HERZ**

hat immer recht.

HAPE KERKELING

PIPER

Der Junge muss an die frische Luft.

HAPE KERKELING

PIPER

Jetzt sollen Sie mich mal kennenlernen. Ich habe jetzt schon Kreislauf!

PIPER

Am Schluss jeder noch so blöden Geschichte sollte man, freiwillig oder unfreiwillig, für einen fetten Lacher sorgen.

PIPER

»Wäre das nicht
das richtige
Pferd für dich?«

HAPE KERKELING

PIPER

DAT LEBEN

muss ja doch irngswie weitergehn.

HAPE KERKELING

PIPER

Trink doch noch einen

Eierlikör!

PIPER

Ein kleines Glück

wird einmal groß.

HAPE KERKELING

PIPER

Ich gehe als
Prinzessin,
Mama!

HAPE KERKELING

PIPER

Wenn ich groß bin, werde ich
ein berühmter
Fernsehstar!

HAPE KERKELING

PIPER

Es ist ganz **wunderbar,** ich zu sein.

PIPER

Wir stehen das jetzt
gemeinsam durch.
Wir sind doch
nicht aus Zucker!

PIPER

Die Welt ist

KAPUTT?

Dann baut meine
Großmutter eben
eine neue auf.

HAPE KERKELING

PIPER

Lieber Gott, lass mich so schnell wie möglich **erwachsen werden.**

PIPER

Es ist weitaus gesünder und wertvoller, sich an die Stärke und Lebenskraft eines geliebten Menschen zu erinnern als an die leidvollen Momente.

HAPE KERKELING

PIPER

Ein Gurkenbrot kann
Wunder
wirken.

PIPER

Bewegung

hält jung!

HAPE KERKELING

PIPER

So bunt und überdreht

ist die Welt nun auch wieder nicht wie in der Flimmerkiste!

HAPE KERKELING

PIPER

Man muss die **Feste feiern,** wie sie fallen.

HAPE KERKELING

PIPER

Man muss mit der

ZEIT gehen!

HAPE KERKELING

PIPER

Ich höre nicht mehr so gut.
Mir müssen Sie alles
immer dreimal sagen!

HAPE KERKELING

PIPER

Es gibt Sahnetorte mit Sahne.

HAPE KERKELING

Man kommt
NIE zu Hause an,
wenn man sich nicht auch mal davon entfernt.

PIPER

Da weisse Bescheid, Schätzelein!

HAPE KERKELING

PIPER

Ich habe
Rücken!

HAPE KERKELING

PIPER

PIPER